VORTRÄGE ZU DEN MUSIKALISCHEN AUFFÜHRUNGEN IM FESTSAAL

VORTRÄGE ZU DEN MUSIKALISCHEN AUFFÜHRUNGEN IM FESTSAAL

BIRGIT LODES
„… und sprang beim Eintritte des Forte hoch in die Höhe". Zu Beethovens 4. Sinfonie
am 16. Dezember 2016

GERNOT GRUBER
Der Begriff des Erhabenen. Die zeitgenössische Diskussion um die Chaos-Darstellung in der *Schöpfung*
am 24. August 2017

ELISABETH REISINGER
Beethovens Wien – eine Musikstadt ohne Konzertsaal?
am 11. November 2017

ÖAW

INHALT

VORTRÄGE

„… UND SPRANG BEIM EINTRITTE DES FORTE HOCH IN DIE HÖHE"

ZU BEETHOVENS 4. SINFONIE

BIRGIT LODES

Wir dürfen heute gemeinsam die Aufführung von Beethovens 4. Sinfonie hier im Sitzungssaal der Österreichischen Akademie der Wissenschaften erleben. Es spielt das Akademische Symphonie Orchester der Wirtschaftsuniversität Wien unter der Leitung von David Holzinger. Beethovens 4. Sinfonie wurde am 27. Dezember 1807 in diesem Saal aufgeführt, der damals noch als Festsaal und Aula der Universität diente. Beethoven dirigierte selbst – und er schätzte diesen Saal. Es war sein bevorzugter Konzertsaal in Wien.

I. BEETHOVENS KONZERTRÄUME IN WIEN

Um 1800 gab es in Wien noch kein etabliertes öffentliches Konzertwesen im heutigen Sinne. Die maßgeblichen Musikträgerinnen und Musikträger waren noch Adelige, in deren Privatpalais ein großer Teil der damaligen Konzerte in Halböffentlichkeit, wie man in der Wissenschaft gerne sagt, musiziert wurde. Das heißt, man musste zu diesen geladen sein.

Die Veranstaltung öffentlich zugänglicher Konzerte gegen Bezahlung nahm aber stetig zu. Es gab nur noch kein festes Format, das etwa die Länge, das Repertoire oder die Position von Pausen definierte, geschweige denn so etwas wie eine professionelle Organisation durch Konzertagenturen. So wurden Konzerte meist von einzelnen Interpretinnen und Interpreten auf eigene Kosten organisiert, dauerten nicht selten einmal drei Stunden und konnten im Falle eines Misserfolges zu einem finanziellen Fiasko für die Interpretin bzw. den Interpreten werden.[1]

---

[1] Zur Organisation von Konzerten um 1800 siehe OTTO BIBA, Grundzüge des Konzertwesens zu Mozarts Zeit, in: *Mozart-Jahrbuch* 1978/79. Salzburg 1979, S. 132–143.

Als Konzertsäle verwendete man einfach alle größeren Säle, die in Wien zur Verfügung standen. Das waren einerseits die großen Theater, wie etwa das heute noch existierende Theater an der Wien. Dann gab es die großen Repräsentationssäle in der Hofburg (die beiden Redoutensäle), die Aula der Universität (heute der Festsaal der ÖAW) und den Landhaus-Saal im heutigen Palais Niederösterreich in der Herrengasse; für die oben genannten halböffentlichen Konzerte wurden aber eben auch Festsäle in den Häusern von Aristokraten genutzt, wie etwa beim Fürsten Lobkowitz (heute KHM, Theatermuseum) oder im Palais des Bankiers Joseph Baron von Würth. Zudem fanden Konzerte häufig in Veranstaltungsräumen von Restaurants oder in Tanzsälen statt, in die oft bis zu 400 Personen, stehend und dicht gedrängt auf häufig nicht mehr als 150 m² , eingelassen wurden.[2]

Die Säle, von denen sich einige bis heute erhalten haben, waren sehr

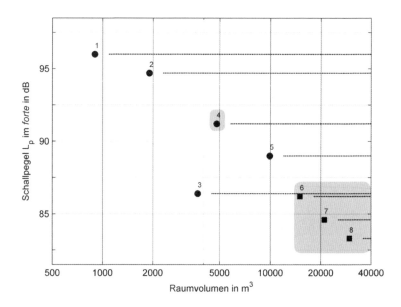

Raum	Orchester	Besetzung	$L_{w\,ges}$	L_p
1 Palais Lobkowitz	Fürstl. Privatkapelle 1804/05	(6,5,4,3,2 – 2,2,2,2 – 2,2)	109.5	96.0
2 Landhaus	Concerts spirituels 1825	(10,10,10,6,4 – 2,2,2,2 – 2,2)	110.3	94.7
3 Burgtheater	Theaterorchester 1781–1808	(6,6,4,3,3 – 2,2,2,2 – 2,2)	109.6	86.4
4 Universität	Liebhaberkonzerte 1807/08	(13,12,7,6,4 – 2,2,2,2 – 2,2)	110.4	91.2
5 Gr. Redoutensaal	UA 8. Sinfonie 1814	(18,18,14,12,7 – 4,4,4,6 – 2,2)	111.3	89.0
6 Musikverein Wien	Wiener Philharmoniker	(16,14,12,10,8 – 2,2,2,2 – 2,2)	111.0	86.2
7 Philharmonie Berlin	Berliner Philharmoniker	s.o.	111.0	84.6
8 Philh. am Gasteig	Münchener Philharmoniker	s.o.	111.0	83.3

Abb. 1: Orchesterbesetzung, Raumakustik und resultierende Lautstärke (nach Weinzierl 2013, S. 67); „$L_{w\,ges}$": Schallleistung bei der Besetzungsstärke im Forte; „L_p": Schallpegel als Maß für die Lautstärke am Hörerplatz; er resultiert aus Besetzungsstärke, Raumvolumen und Nachhallzeit.

---

[2] Nach Stefan Weinzierl, Die Sinfonie als Ansprache an ein Massenpublikum. Konzertformate, Publikum und sinfonische Aufführungspraxis der Beethovenzeit, in: August Riethmüller/Oliver Korte (Hg.), *Beethovens Orchestermusik und Konzerte*. Laaber 2013, S. 49–70, hier S. 51.

unterschiedlich groß und hatten dementsprechend ihre jeweils eigene Akustik. Alle Konzertsäle, selbst noch der Große Redoutensaal, waren deutlich kleiner als die heutigen kommerziellen Konzertsäle – die Dimensionen moderner Säle für Musik entstammen einer Entwicklung, die ab Mitte des 19. Jahrhunderts einsetzte.

Die damals genutzten Räume wiesen extrem voneinander abweichende Nachhallzeiten auf. Auffallend ist: Die Theatersäle (allen voran das alte Burgtheater, aber auch das Theater an der Wien und das Kärntnertortheater) hatten eine sehr trockene Akustik und beförderten somit insbesondere die Textverständlichkeit. Räume wie die Aula der Universität, die Redoutensäle, das Palais Lobkowitz oder auch der Landhaus-Saal lagen mit ihrem Nachhall von weit über zwei Sekunden deutlich über der heute empfohlenen Nachhallzeit eines für Musik vorgesehenen Raums laut DIN-Norm 18041: Sie waren weniger für den Textvortrag geeignet, sorgten aber für einen intensiven Klangeindruck.

Wie verhalten sich Orchesterbesetzung, Raumakustik und Lautstärke zueinander? Im Palais des Fürsten Lobkowitz etwa spielte seine Privat-

kapelle nachgewiesenermaßen mit sechs ersten Geigen, fünf zweiten Geigen, vier Bratschen, drei Celli und zwei Kontrabässen. Dazu kamen noch die Holz- und Blechbläser. Auch für den Landhaus-Saal, für das Burgtheater, für die *Liebhaber Concerte* in der Aula der Universität und für den Großen Redoutensaal sind die genauen Orchesterbesetzungen nachgewiesen.

Wie laut kommt nun aber das Schallereignis, das in etwa gleich laut abgestrahlt wird, bei der Hörerin und beim Hörer individuell an? Es verstärkt sich ja mehr oder weniger im Raum. Zwischen dem damaligen Extrem von 96 Dezibel im Palais des Fürsten Lobkowitz und dem heute üblichen Schallpegel am Ohr der bzw. des Zuhörenden von 83 Dezibel liegt auf den ersten Blick kein großer Unterschied. Der Schallpegel ist aber logarithmisch skaliert, der Unterschied somit beträchtlich. Stefan Weinzierl fasst den Befund folgendermaßen zusammen:

„Um den Schallpegel der Liebhaber Concerte der Saison 1807/08 zu erreichen, müsste ein Orchester in der Berliner Philharmonie in der fünffachen Besetzungsstärke spielen, und um die Differenz an raumakustisch bedingter

Verstärkung gegenüber einer Aufführung der 32-köpfigen fürstlichen Privatkapelle im Palais Lobkowitz auszugleichen, müsste ein Orchester in der Münchener Philharmonie mit annähernd 1000 Musikern besetzt sein."[3]

Diesem Unterschied lässt sich dank der zahlreichen erhaltenen Säle aus der Beethoven-Zeit etwa bei einer Aufführung der *Sinfonia Eroica* im „RESOUND Beethoven"-Projekt des Orchesters Wiener Akademie unter der Leitung von Martin Haselböck im Palais Lobkowitz oder dem Landhaus-Saal nachspüren.[4] Das Hören einer Sinfonie wird dort zu einer körperlichen Erfahrung, beinahe wie bei einem Rockkonzert.

Wie sich Saalgröße und Akustik auf die Wahrnehmung der Musik auswirken, beschrieb auch einmal anschaulich Hector Berlioz:

„Plazieren Sie eine kleine Zahl von zusammenpassenden Personen, die etwas musikalische Kenntnis haben, in einem Salon mittlerer Größe ohne viele Möbel und ohne Teppiche. Führen sie vor diesen Leuten ein echtes Kunstwerk eines echten, wahrhaft inspirierten Komponisten auf, [...] ein einfaches

---

[3] WEINZIERL, ebenda, S. 66.

[4] http://resound.wienerakademie.at

Klaviertrio, z.B. das in B-dur von Beethoven. Was geschieht? Die Zuhörer fühlen in sich mehr und mehr eine ungewohnte Verwirrung, sie empfinden eine tiefe intensive Lust, die sie bald heftig bewegt, bald in wunderbare Ruhe, in echte Ekstase versetzt. Mitten im Andante, bei der dritten oder vierten Wiederkehr jenes erhabenen und so leidenschaftlich religiösen Themas kann es einem der Zuhörer passieren, daß er seine Tränen nicht mehr zurückzuhalten vermag, und wenn er ihnen einen Augenblick freien Lauf läßt, steigert er sich vielleicht – ich habe das selber miterlebt – in heftiges, wütendes, explosives Weinen. Das ist musikalische Wirkung (un effet musical)! Das ist ein ergriffener Hörer, ein von den Klängen der Kunst Betrunkener, ein in unermeßliche Höhen über das gewöhnliche Leben Erhobener. […] Und jetzt stellen Sie sich vor, daß mitten in diesem von denselben Musikern gespielten Satz der Salon allmählich größer wird und die Zuhörer von den Ausführenden wegrücken. Unser Salon ist jetzt wie ein gewöhnliches Theater. Unser Zuhörer, den die Erregung schon zu erfassen begann, wird wieder gelassen. […] Er hört immer noch, kein Ton entgeht ihm, aber von der musikalischen Strömung wird er nicht mehr erreicht. Sie gelangt nicht mehr bis zu ihm; seine Verwirrung ist verflogen, er wird wieder kalt, er empfindet geradezu eine Art Beklemmung, die umso unangenehmer wird, je mehr er sich anstrengt, den Faden des musikalischen Diskurses nicht zu verlieren. Aber seine Anstrengung ist vergeblich, ihn lähmt Gefühllosigkeit, es wird ihm langweilig, der große Meister ermüdet ihn, wird ihm lästig, das Meisterwerk ein lächerliches Geräusch, der Riese ein Zwerg, die Kunst eine Enttäuschung. Er wird ungeduldig und hört nicht mehr zu."[5]

II. DIE ENTSTEHUNG VON BEETHOVENS 4., 5. UND 6. SINFONIE ODER: BEETHOVEN UND DER ADEL

Im tradierten Beethoven-Bild, das maßgeblich im 19. Jahrhundert geprägt wurde, wird gerne betont, dass der geniale Beethoven aus innerer Überzeugung Werke komponiert habe, die häufig autobiografisch konnotiert sind; er sei niemandem verpflichtet gewesen, keinem Hof dienend: ein freier Mensch, ein Genius. Die aktuelle Beethoven-Forschung ist zunehmend dabei, dieses Bild zu korrigieren und zu modifizieren. An vielen Beispielen lässt sich zeigen, dass Beethoven durchaus sehr aufmerksam auf die Wünsche seiner Umgebung reagiert hat; dass er sich mit seinen Kompositionen auf Situationen und Lebenslagen anderer eingelassen hat bzw. auf besondere Funktionen Rücksicht nahm. Schließlich stand er – entgegen dem herkömmlichen Narrativ – auch mit Angehörigen des Wiener Adels sehr produktiv in Verbindung und reagierte auf deren Vorlieben. Und er hätte zeitlebens durchaus auch gerne eine Stelle als Hofkomponist gehabt. Dieses Sicheinlassen auf das Gegenüber – im Sinne der Tradition des „decorum" – war für Beethoven ein maßgeblicher Stimulus.

Es lohnt in diesem Kontext, sich die Widmungen der Sinfonien zu vergegenwärtigen.[6] Die Sinfonien 1 bis 7

---

5   Hector Berlioz, Sur l'état actuel de l'Art du chant dans les théâtres lyriques de France et d'Italie, et sur les causes qui l'ont amené, in: *À travers chants: Études musicales, adorations, boutades et critiques.* Paris 1862, S. 89–104, hier S. 90 f.; deutsche Übersetzung nach Ernst Lichtenhahn, Musik und Raum. Gesellschaftliche und ästhetische Perspektiven zur Situation um 1800, in: Marietta Morawska-Büngeler (Hg.), *Musik und Raum. Vier Kongressbeiträge und ein Seminarbericht,* Mainz 1989, S. 16f.

6   Dazu auch: Birgit Lodes, *Die Widmungsträger von Beethovens Sinfonien:* http://resound.wieneirakademie.at/die-widmungstraeger-von-beethovens-sinfonien/

Abb. 2: Friedrich Gottlob Endler (1763–1830), Ansicht der Stadt Oberglogau in Oberschlesien (Lithografie ca. 1808).

Komposition von zwei Sinfonien und überwies ihm zwischen Februar 1807 und März 1808 auch mehrfach Geld. Schlussendlich aber widmete ihm Beethoven nur das erste der beiden Werke, die 4. Sinfonie. Die 5. (und 6.) Sinfonie hingegen „brauchte" er als Geste der Dankbarkeit für die Fürsten Lobkowitz und Kinsky, die ihm – gemeinsam mit Erzherzog Rudolph – am 1. März 1809 den sogenannten „Rentenvertrag" ausgestellt hatten: Dieser garantierte ihm ein jährliches Gehalt – unter der einzigen Bedingung, dass er in Wien wohnhaft bliebe.[7]

Die Bedeutung der Werkwidmungen zeigt sich nicht zuletzt auf den Titelseiten der Erstdrucke: Wie es typisch ist für die Zeit, ist auf dem Erstdruck der Stimmen der 4. Sinfonie der Widmungsträger am größten gedruckt – die „memoria" für den Mäzen ist also gesichert, sein Name wird effektiv

sind ausnahmslos Wiener Adeligen gewidmet, die Beethoven mäzenatisch zur Seite standen, die ihn förderten und unterstützten, die ihm Probenräume zur Verfügung stellten oder Instrumente schenkten.

Die Entstehung der 4. Sinfonie führt aufs Land: Beethoven war im Herbst 1806 in Grätz bei Troppau (Opava) im Schloss seines Mäzens Fürst Karl Lichnowsky, von wo aus die beiden eine Reise ins 50 Kilometer entfernte Oberglogau unternahmen. Dort unterhielt Graf Franz von Oppersdorff ein privates Hausorchester. Oppersdorff beauftragte Beethoven mit der

7   Zu Beethovens Widmungsverhalten vgl. BIRGIT LODES, Zur musikalischen Passgenauigkeit von Beethovens Kompositionen mit Widmungen an Adelige. *An die ferne Geliebte* op. 98 in neuer Deutung, in: BERNHARD R. APPEL / ARMIN RAAB (Hg.), *Widmungen bei Haydn und Beethoven. Personen – Strategien – Praktiken. Bericht über den Internationalen musikwissenschaftlichen Kongress Bonn, 29. September bis 1. Oktober 2011.* Bonn 2015, S. 171–202.

Abb. 3: Beethoven, 4. Sinfonie op. 60, Titelseite der Originalausgabe (Stimmen); Wien und Pest: Bureau des arts et d'industrie, Pl.-Nr. 596 (1808/09), Exemplar der Österreichischen Nationalbibliothek, Musiksammlung.

III. FRÜHE AUFFÜHRUNGEN VON BEETHOVENS 4. SINFONIE

In Wien fand die erste Aufführung von Beethovens 4. Sinfonie bei einem Privatkonzert im Palais des Fürsten Lobkowitz (wohl Anfang März 1807) statt, die erste öffentliche Aufführung bei einem Benefizkonzert im Burgtheater (am 15. November 1807) und fünf Wochen später, am 27. Dezember 1807, die zweite öffentliche Aufführung in der Aula der Universität, im Rahmen der sogenannten *Liebhaber Concerte*. In dieser Konzertreihe, die nur in der Saison 1807 bis 1808 stattfand, wurden in wöchentlichem Abstand insgesamt 20 Konzerte abgehalten. Die damals in Wien einzigartige Serie dieser *Liebhaber Concerte* gilt als eine Art Prototyp des später erst weiter verbreiteten Formats von Abonnementkonzerten.[8]

Das erste *Liebhaber Concert* wurde noch im Tanzsaal „Zur Mehlgrube" veranstaltet, bis man merkte, dass der Saal dafür hoffnungslos zu klein war. Sodann wurden alle 19 weiteren Konzerte in der Aula der Universität

in die Geschichte eingeschrieben –, der Komponist ist hingegen deutlich kleiner gedruckt. Eine Widmung besaß auch rechtliche Implikationen: Der Widmungsträger erhielt für ein halbes Jahr das exklusive Aufführungsrecht. Erst danach durfte das

Werk im Druck veröffentlicht werden, und erst dann erfolgte auch die öffentliche Uraufführung. Beethoven nutzte oft die Gelegenheit, seine Werke nach den ersten (privaten) Aufführungen und vor der Drucklegung noch einmal zu überarbeiten.

---

8 Dazu Stefan Weinzierl, Die „Liebhaber Concerte" der Saison 1807/08 als Prototyp des modernen Sinfoniekonzerts, in: Ute Jung-Kaiser/Matthias Kruse (Hg.), *1808. Ein Jahr mit Beethoven*. Hildesheim et al. 2008, S. 249–266.

durchgeführt. Organisiert wurden diese *Liebhaber Concerte* (einige Jahre früher als die ersten Konzerte der Gesellschaft der Musikfreunde) von engagierten Bürgerinnen und Bürgern sowie Adeligen. Es gab 70 Abonnenten, von denen jeder 11 bis 32 Plätze (insgesamt 1102) hatte. Zudem wurden 207 Freikarten ausgegeben – für Beethoven zwölf Stück, wenn er mitwirkte.

Welche Idee stand dahinter? Man wollte den musikalischen Geschmack fördern. Und man wollte junge Talente durch das gemeinsame Spiel im Orchester zur Vollkommenheit auf ihren Instrumenten führen. Im Programm dominierten Werke von Mozart und Beethoven – und Beethoven selbst wirkte häufig als Dirigent mit.

Das letzte dieser Konzerte, das 20. *Liebhaber Concert*, ist ein besonders berühmtes und wurde von Balthasar Wiegand in einem Aquarell festgehalten: Aufgeführt wurde Haydns *Schöpfung* anlässlich seines 76. Geburtstags. Auf dem Sessel in der Mitte sitzt der alte Haydn, während ihm von der Fürstin Esterházy ein Schal gereicht wird. Auch Beethoven ist zu sehen, er ist der von hinten gezeigte Herr in Schwarz am unteren Bildrand, etwas links von

Liebhaber Concert	Datum	Ort	aufgeführte Werke Beethovens
1.	12.11.1807	Tanzsaal Zur Mehlgrube	2. Sinfonie op. 36
3.	29.11.1807	Aula der Universität	Prometheus-Ouvertüre op. 43
4.	6.12.1807	Aula der Universität	3. Sinfonie op. 55 („Eroica")
5.	13.12.1807	Aula der Universität	Coriolan-Ouvertüre op. 62
7.	27.12.1807	Aula der Universität	4. Sinfonie op. 60
9.	17.1.1808	Aula der Universität	1. Sinfonie op. 21
11.	31.1.1808	Aula der Universität	1. Klavierkonzert op. 15
12.	2.2.1808	Aula der Universität	3. Sinfonie op. 55 („Eroica")
15.	22.2.1808	Aula der Universität	2. Sinfonie op. 36
19.	20.3.1808	Aula der Universität	1. Sinfonie op. 21

Abb. 4: Beethovens Werke in den Liebhaber Concerten 1807/08.

Abb. 5: Balthasar Wiegand, Liebhaber Concert vom 27. März 1808 (Aquarell, Reprint 1908, ÖAW).

	27. Dezember 1807 Aula der Universität (Festsaal der ÖAW) *Liebhaber Concert*	16. Dezember 2016 Aula der Universität (Festsaal der ÖAW) *Öffentl. Gesamtsitzung*	29. April 1821 Großer Redoutensaal *„mit großem Orchester & doppelter Harmonie"*
1. Violinen	13	10	20
2. Violinen	12	8	20
Bratschen	7	6	12
Violoncelli	6	6	10
Kontrabässe	4	3	8
Flöte	1	1	2
Oboen	2	2	4
Klarinetten	2	2	4
Fagotte	2	2	4
Hörner	2	2	4
Trompeten	2	2	4
Pauke	1	1	1
Gesamt	**54**	**45**	**93**

Abb. 6: Besetzungsstärken bei verschiedenen Aufführungen von Beethovens 4. Sinfonie.

Haydn stehend. Man geht davon aus, dass ca. 1000 Personen bei diesem Konzert anwesend waren – die meisten von ihnen standen. Nur in den drei vordersten Reihen gab es einige Sitzplätze für Ehrengäste. Wiegands Aquarell (das freilich zugunsten eines sinnvollen Bildaufbaus die Anordnung von sitzendem und stehendem Publikum vertauscht) zeigt

auch, dass das Orchester auf einem Podest von ca. einem Meter Höhe platziert war und dass sich der Chor typischerweise vor dem Orchester befand. Selbst einzelne Instrumente kann man gut erkennen – gleichzeitig ist auch hier Vorsicht geboten: Die dargestellten Trompeten etwa, musikalisches Signum von Glanz und Gloria, kommen in der *Schöpfung* gar

nicht vor. Die definitive Orchesterbesetzung an jenem Abend lässt sich verlässlicher aus den erhaltenen Zahlungsbelegen rekonstruieren.[9]

Für die *Liebhaber Concerte* waren 55 Musiker fest angestellt, die meisten von ihnen sind sogar namentlich bekannt.[10] Die zweifache Besetzung der Holzbläser ist Standard, doch hat Beethoven in der 4. Sinfonie nur eine Flötenstimme komponiert – daher auch nur ein Flötist. Insgesamt spielten also im Liebhaberkonzert von 1807 54 Musiker die 4. Sinfonie. Bei einer späteren Aufführung zu Beethovens Lebzeiten in einem wesentlich größeren Saal, dem Großen Redoutensaal, wurde aber mit deutlich erweiterter Streicherbesetzung und mit „doppelter Harmonie" musiziert. Selbstverständlich gab es nach wie vor nur zwei Oboenstimmen etc., doch wurde jede Bläserstimme von zwei Musikern gespielt, insgesamt wirkten also vier pro Instrument

---

9   OTTO BIBA, Beethoven und die Liebhaber Concerte in Wien im Winter 1807/08, in: *Beethoven-Kolloquium 1977: Dokumentation und Aufführungspraxis*. Kassel 1978, S. 82–93.

10   Identifizierung der bei Wiegand dargestellten Personen bei THEODORE ALBRECHT, The musicians in Balthasar Wigand's depiction of the performance of Haydn's *Die Schöpfung*, in: *Music in Art* 29 (2004), S. 123–133.

mit – was heute völlig außer Gebrauch gekommen ist. Damals war es eine Anpassung an die unterschiedlichen akustischen Bedingungen: Man wollte den deutlich größeren Saal im später stattfindenden Konzert klanglich so gut wie möglich füllen.

IV. SCHREIBEN, SCHREIBEN, SCHREIBEN ODER: MATERIALITÄT UND DIGITAL HUMANITIES

Beethoven ist ein Komponist, von dem Tausende von beschriebenen Seiten erhalten sind. Er schrieb alles Mögliche ab: Dichtung, Zitate aus Dramen, Erbauungsliteratur, astronomischen Schriften und brahmanischer Literatur;[11] Ausschnitte aus Kompositionen, die ihn interessierten, allen voran von Mozart, aber auch von Cherubini, Haydn oder anderen Komponisten. Zudem fertigte er umfangreiche Exzerpte aus musiktheoretischen Schriften an: Bis vor kurzem glaubte man, er wollte damit entweder seine eigenen musiktheoretischen Kenntnisse aufbessern

oder benötigte Lehrschriften für den Unterricht. Julia Ronge hat aber kürzlich die überzeugende These aufgestellt, dass Beethoven diese Exzerpte höchstwahrscheinlich deshalb anfertigte, um sich in Gesellschaft besser über Musik unterhalten zu können.[12] Von Beethoven sind des Weiteren Tausende von Seiten an Noten überliefert: selbstverständlich die Autographe der fertigen Werke, daneben aber auch Unmengen von beschriebenen Skizzenblättern und Skizzenbüchern.[13]

Beethoven ist in seinem Leben etwa 50-mal umgezogen – in Wien im Durchschnitt mindestens zweimal pro Jahr; er wohnte in 36 verschiedenen Häusern. Dabei hat er all diese Materialien immer mitgenommen, was ein unglaublicher Aufwand gewesen sein muss. Warum waren sie ihm wohl so wichtig? Zum einen entwickelte Beethoven seine Ideen ganz maßgeblich im Schreibprozess. Aus den Skizzenbüchern wissen wir, dass

er manche Stellen fünf, sechsmal bis zu 15-mal direkt hintereinander notierte, manchmal mit nur minimalen Änderungen, und auf diese Weise Schritt für Schritt zu der endgültigen Lösung fand. Er blätterte aber auch oft – noch nach Jahren – in alten Skizzenbüchern nach und nutzte diese als Inspirationsquelle. So kam es zu dem extrem großen Bestand an Materialien in Beethovens Hand, der heute – mit Sammlungsschwerpunkten in Wien, Bonn, Berlin, London und Paris – über viele Bibliotheken der Welt verstreut ist. Dank der zunehmenden Digitalisierung dieser Materialien in bester Qualität gibt es aktuell einen „material turn" in der Beethovenforschung mit großem Potenzial – als Beispiel sei das vom deutschen Akademienprogramm geförderte Langzeitprojekt *Beethovens Werkstatt. Genetische Textkritik und Digitale Musikedition* genannt.[14]

Am Beispiel des Autographs der 4. Sinfonie möchte ich abschließend eine Idee von den Erkenntnismöglichkeiten geben, die man aus dem überlieferten Beethoven-Material gewinnen kann. Ich muss vorausschicken: Beethovens Autographe sind meist keine Reinschriften. Das,

---

[11] Dazu unter anderem BIRGIT LODES, „so träume mir, ich reiste […] nach Indien". Temporality and Mythology in Opus 127/I, in: WILLIAM KINDERMAN (Hg.), *The String Quartets of Beethoven*. Urbana und Chicago 2006, S. 168–213.

[12] JULIA RONGE, Beethoven liest musiktheoretische Fachliteratur, in: *Beethoven liest*. Bonn 2016, S. 17–34, hier S. 24–34.

[13] Die beste Orientierung bietet nach wie vor: DOUGLAS JOHNSON / ALAN TYSON / ROBERT WINTER, *The Beethoven sketchbooks: history, reconstruction, inventory*. Berkeley und Los Angeles 1985.

[14] http://beethovens-werkstatt.de

das Beethovenjahr 2020 zu schaffen, das von den Veranstaltern individuell befüllt werden kann.[15]

BTHVN 2020

Abb. 8: Liquid Logo BTHVN2020.

Zurück zum Autograph: Das von mir blau Unterlegte ist in einer anderen (schwärzlicheren) Tinte geschrieben. In dieser zweiten Schreibschicht weist Beethoven den Kopisten an: „Alle Abkürzungen müssen bei dem Partitur abschreiben copirt werden". Sodann notiert er viermal „Solo" in die Partitur: Das Wort ist geläufig, aber was soll es in den Bläserstimmen (Oboe, Clarinette, Fagott, Horn) bedeuten? Bei der Durchsicht des Autographs fällt auf, dass Beethoven immer wieder Solo- oder Tutti-Mar-

Abb. 7: Beethoven, Autograph 4. Sinfonie, erste Seite.

was Beethoven als Reinschrift begonnen hatte, entwickelte sich meist doch zu einem Manuskript mit vielen Korrekturen und Änderungen und mehreren Schichten an destillierbaren Revisionsschritten. Die Kopisten mussten sich dann, um eine ordentliche Stichvorlage für den Druck produzieren zu können, ihren Weg durch dieses Schreibdickicht kämpfen.

Abbildung 7 zeigt die sorgfältig betitelte erste Seite des Autographs der 4. Sinfonie: Links oben steht die Tempobezeichnung „Adagio", in der Mitte „Sinfonia quarta", daneben „1806" und schließlich „LvBthvn". Ludwig van Beethoven signierte häufig ohne Vokale. Diese Marotte haben übrigens jüngst Designer aufgegriffen, um ein „Liquid Logo" für

---

[15] https://www.bthvn2020.de/presse/bthvn 2020-logo/

kierungen in den Bläserstimmen hinzugefügt hat: Solo meist bei leisen Stellen, Tutti meist bei lauten. Er hat also die „verdoppelte Harmonie" (wie sie etwa für das Konzert im Großen Redoutensaal belegt ist) in das Autograph eingetragen und legt mithin schriftlich fest: Wenn man dieses Werk in einem großen Saal aufführt, verwende man an bestimmten Stellen die doppelte Besetzung (vier Bläser: „Tutti"), an anderen reicht die einfache Besetzung („Solo"). Die für Beethoven ganz selbstverständliche Berücksichtigung der Raumakustik hat sich hier also niedergeschlagen.

In heute gängigen Partituren finden sich die Angaben nicht, mit einer einzigen Ausnahme: Jonathan Del Mar übernimmt sie in seiner Edition (Bärenreiter 1999) im Sinne einer „einzigartigen Dokumentation", ergänzt aber den Vermerk, er möchte dies nicht als Empfehlung für die Aufführung verstanden wissen.[16]

Damit schließt sich der Kreis zum Anfang des Vortrags: Beethoven machte sich sehr konkrete Gedanken, wie viele Musiker er in welchen Aufführungsräumen verwenden wollte.

---

[16] JONATHAN DEL MAR (Hg.), *Beethoven. Sinfonie Nr. 4 in B op. 60. Urtext.* Kassel et al. 1999, „Vorwort", S. XIV.

Abb. 9: Beethoven, 4. Sinfonie op. 60, 1. Satz, T. 34–41.

Die Aula der Universität erlaubte eine konventionelle Besetzung, während für den Großen Redoutensaal Beethovens Plan belegt ist, die 4. Sinfonie mit doppelter Harmonie zu spielen, um der abweichenden Raumakustik dieses Saals entgegenzukommen.

Die 4. Sinfonie beginnt mit einer langsamen Einleitung, wie sie schon in Haydns Sinfonien üblich ist, aber von Beethoven in diesem Fall besonders eindrucksvoll gestaltet wird: Die Musik vermittelt zunächst das Gefühl der Verlassenheit, des Umherirrens und Nicht-zum-Ziel-Kommens. Bereits der erste Klang ist ungewöhnlich, denn er besteht nur aus dem Einzelton *b*, gespielt im Pianissimo. Im zweiten Takt springt in allen Instrumenten das *b* zum *ges*, das wiederum unisono erklingt:

Unisono, das Nicht-Mehrstimmige, fungiert generell als akustisches Zeichen für das „Vorkünstlerische" und ist meist unheimlich-dramatisch und barbarisch konnotiert. Sodann irrt Beethovens langsame Einleitung im Pianissimo weiter, bis zu einem plötzlichen Crescendo ins Fortissimo, samt Setzung eines klaren F^7-Dur-Akkords als zu erreichende Dominante (T. 36). Das ist ein unglaublicher Effekt – der in der Literatur gerne mit der Stelle „und es ward Licht" aus Haydns *Schöpfung* verglichen wird – und damit löst sich endlich die Spannung in den schwungvollen Allegro-Teil.

Im Autograph wird deutlich, dass Beethoven an dieser eindrucksvollen Stelle lange gearbeitet hat. Die raschen Huscher in den Violinstimmen etwa hat er überhaupt erst im Autograph hinzugefügt – und die gesamte Stelle auf einem separat eingeklebten Blatt noch einmal grundlegend revidiert, um die besondere Lichtwirkung noch mehr herauszuarbeiten. Es ist typisch für Beethovens Arbeitsweise, dass gerade die unerwarteten, extremen Wirkungen in seinen Kompositionen häufig erst in einem längeren Prozess entstanden, der von einer zunächst erwartbaren Lösung schrittweise zu etwas Einzigartigem,

den Hörer wirklich Herausforderndem wird. Solche Arbeiten an der Komposition ziehen sich noch bis ins Autograph, also bis in ein ganz spätes Entstehungsstadium hinein und können – wie in diesem Fall – auch noch nach den ersten (privaten) Aufführungen erfolgen.

V. BEETHOVEN ALS DIRIGENT UND AUSDRUCKSKÜNSTLER

Beethoven war es ein Anliegen, seine Kompositionen, die alle ein weites Ausdrucksspektrum umfassen, auch entsprechend expressiv zur Aufführung zu bringen. Dies spiegelt sich in eindrucksvollen Berichten über sein eigenes Klavierspiel ebenso wie in Berichten über sein Dirigieren.

Leider ist kein Zeugnis über sein Dirigat der 4. Sinfonie überliefert. Sehr wohl aber gibt es Nachrichten zur Aufführung der 7. Sinfonie in der Aula der Universität. Etwa erinnert sich Louis Spohr, der bei der Aufführung als Geiger mitwirkte:

„So oft ein Sforzando vorkam, riß er [Beethoven] beide Arme, die er vorher auf der Brust kreuzte, mit Vehemenz auseinander. Bei dem Piano bückte er sich nieder, und um so tiefer, je

schwächer er es wollte. Trat dann ein Crescendo ein, so richtete er sich nach und nach wieder auf und sprang beim Eintritte des Forte hoch in die Höhe. Auch schrie er manchmal, um die Forte noch zu verstärken, mit hinein, ohne es zu wissen!"[17]

Und im *Korrespondent von und für Deutschland* ist über dasselbe Konzert zu lesen:

„Einen ganz eignen Genuß bot die Art der Direktion der Musik durch Beethoven selbst noch dar, der ergriffen von der Macht der Töne, und bemüht mit ihnen fortzuströmen, ein höchst interessantes Schauspiel war. Beim Piano wird er unwillkürlich nieder gezogen und hält die Musik nur noch mit schwacher Bewegung der Arme; beim Forte greift sein ganzer Körper riesenmäßig auseinander – er schlägt, er tobt – kurz er ist das lebendige Bild seiner ganzen Musik selbst."[18]

---

[17] LOUIS SPOHR, *Lebenserinnerungen*, hg. von FOLKER GÖTHEL, Tutzing 1968, S. 178, über das Konzert vom 13.12.1813 in der Aula der Wiener Universität.

[18] *Der Korrespondent von und für Deutschland*, Nürnberg, Jg. 9 Nr. 340, vom 6.12.1814, S. 1417f.

Beethoven hat also als Dirigent seine Musik körperlich in Szene gesetzt: *„… er ist das lebendige Bild seiner ganzen Musik selbst"*. Nach allem, was wir heute wissen, wollte er mit seiner Musik Menschen berühren, packen und aufrütteln. Schockieren. Aber auch in Träume versenken. Utopien auslösen. Und er wollte trösten.

Das ist für uns im 21. Jahrhundert, mit einem Abstand von mehr als 200 Jahren, nicht immer leicht nachzuvollziehen, denn seine Werke wurden im Lauf der Zeit so hoch auf den Sockel gehoben und so sehr zum Inbegriff des Kanons der klassischen Musik, dass wir uns mit der Wahrnehmung des Neuen, Ungewohnten in ihnen nicht immer leichttun.

Heute aber können uns vielleicht die besondere Akustik, das junge Orchester und die intime Nähe zum Klangkörper in diesem wunderschönen Saal dabei helfen, uns wieder neu auf dieses Werk, die 4. Sinfonie Beethovens, einzulassen.

Dabei wünsche ich Ihnen viel Freude.

BIRGIT LODES

Derzeitige Position

– Professorin für Historische Musikwissenschaft an der Universität Wien

Arbeitsschwerpunkte

– Musik und Musikleben im 15. und 16. Jahrhundert (s. http://www.musical-life.net)
– Musik im langen 19. Jahrhundert (bes. Beethoven, Schubert, Kirchenmusik, Richard Strauss)
– Musik und Sprache
– Aspekte der Medialität von Musik (Skizzen- und Druckforschung)

Ausbildung

2002	Habilitation an der Universität München
1995	Promotion zum Dr. phil. an der Universität München
1992/93	Research Scholar an der Harvard University
1988/89	Visiting Scholar an der University of California, Los Angeles
1986–1994	Studium der Musik für das Lehramt an Gymnasien (Klavier und Violoncello) an der Hochschule für Musik in München, der Musikwissenschaft, Organisationspsychologie und Allgemeinen Pädagogik an der Ludwig-Maximilians-Universität München

Werdegang

Seit 2013	Mitglied der Academia Europaea
2008–2012	Vizeobfrau der Kommission für Musikforschung an der ÖAW
Seit 2008	korrespondierendes Mitglied der philosophisch-historischen Klasse der ÖAW
2006–2008	und 2014–2016 Vorständin des Instituts für Musikwissenschaft der Universität Wien

Weitere Informationen zur Autorin finden Sie unter:
http://musikwissenschaft.univie.ac.at/institut/personalverzeichnis/lodes/

DER BEGRIFF DES ERHABENEN.

DIE ZEITGENÖSSISCHE DISKUSSION UM DIE CHAOS-DARSTELLUNG IN DER SCHÖPFUNG*

GERNOT GRUBER

Über die ersten fünf Minuten Musik des Oratoriums *Die Schöpfung* ist mehr nachgedacht, gesagt und geschrieben worden als über irgendein anderes Stück Musik von Joseph Haydn. Ein vergleichbarer Fall bei Mozart wäre die langsame Einleitung zum ersten Satz von dessen *Dissonanzenquartett*. Dort wie da ist es irritierende, irgendetwas in unserem Gefühlshaushalt aufbrechende Musik.

In der Resonanz- und frühen Rezeptionsgeschichte wird dieses Irritationspotenzial in dem Umstand deutlich, dass die *Chaos*-Darstellung in der *Schöpfung* Autoren entweder zu einer um Verstehen ringenden Bewunderung oder zu einer Begründung ihrer Ratlosigkeit trieb – kaum zu einer bloß nüchternen Beschreibung des Gehörten[1] Zunächst Unfassbares und Neuartiges in der Kunst verunsichert selbstverständlich jedes Bemühen um ein Werturteil oder allein schon um einen plau-

siblen Deutungsansatz. Aber diese Irritation nicht auf sich beruhen zu lassen, sondern in einem paradigmatischen Urteil zu überwinden, liegt als Wunsch nahe. Das Wort, mit dem im positiven Sinne als wesentlich genommene Merkmale des Besonderen an der *Schöpfung* bezeichnet wurden, heißt „erhaben". Bevorzugt angesprochen wurden so die *Chaos*-Darstellung und der plötzliche Wechsel zu „und es ward Licht", aber auch andere Passagen eines plötzlichen Erschauerns vor der Größe Gottes. Was genau damit gemeint war bzw. in welchem Begriffsgefüge das Wörtchen „erhaben" zu stehen kam, ist eine ebenso wichtige wie schwer

---

* Erstpublikation in: Und eine neue Welt entspringt auf Gottes Wort. Haydns und van Swietens späte Oratorien – Aspekte ihres geistigen Hintergrunds und musikalischen Tons, Hrsg. T. Antonicek, Ch. K. Fastl, Verlag der ÖAW, Wien 2012, 61–75.

[1] Einen umfassend informierenden Überblick gibt die Monografie von GEORG FEDER, *Joseph Haydn: Die Schöpfung* (Bärenreiter Werkeinführungen). Kassel et al. 1999, bes. S. 180–190.

zu beantwortende Frage.[2] Jedenfalls wird auch heute bei so gut wie allen theoretischen Interpretation der *Schöpfung* mit dem Begriff des „Erhabenen" gearbeitet. Die Ergebnisse sind aber durchaus nicht einheitlich, vielmehr ergibt sich ein in Facetten schillerndes, eher verwirrendes Bild. Die Autoren beziehen sich üblicherweise auf die Begriffsgeschichte des antiken griechischen ὕψος, lateinisch *sublimus*, dann des französischen *le sublime* und so weiter, greifen dann eine ihnen geeignet erscheinende Begriffsbestimmung heraus, stellen sie in den Fokus und wenden sie auf Passagen in Haydns Partitur an, die ihnen als Beweisstücke dienlich erscheinen. Ich beschränke mich auf Beobachtungen vor allem an der frühen, aber auch an der aktuellen Rezeptionsgeschichte, freilich in der Hoffnung, auf diesem Weg doch etwas Licht auf Haydns *Vorstellung des Chaos* werfen zu können.

Naheliegend ist der Schritt ad fontes, um zu sehen, wie in der Zeit um und nach 1800, also in der Zeit der ersten Resonanz auf Haydns *Schöpfung*, die

Verwendung des Wortes „erhaben" im Musikschrifttum war. Ernüchternd stellt man bei der Suche bald fest, dass einem das Wort „erhaben" auf Schritt und Tritt begegnet, es also eine modische Vokabel im Reden über Musik und Kunst allgemein gewesen sein muss. Mit ihm gab man irgendeiner als staunenswert erachteten Besonderheit eines Werks einen Namen und einem Werk insgesamt eine besondere Aura. Dies überrascht nicht, befinden wir uns in den Jahrzehnten um 1800 doch in einer Zeit, in der erstmals in der abendländischen Kulturgeschichte auch für Werke der Musik ein Kanon von Meisterwerken entstand und sich mit nachhaltigem Erfolg etablierte – andernfalls würden wir heutzutage Haydns *Schöpfung* nicht mehr aufführen.

Modewörter mit ihrem inflationären Gebrauch haben die Eigenheit, dass sich mit der Zunahme ihres Signalcharakters ihr Inhalt verschleißt (aktuell zu beobachten bei Wörtern wie „Identität" oder „Globalisierung", „Nachhaltigkeit" oder „Exzellenz"). Mit diesem Phänomen müssen Historikerinnen und Historiker auch bei einem Wortgebrauch vor 200 Jahren rechnen. So ist Vorsicht bei der Ableitung eines Begriffsinhalts angebracht.

Haydn selbst hat das Wort „erhaben" für sein Werk angewandt, und zwar bei der wiederholt an ihn gestellten Frage, ob er selbst die *Schöpfung* oder die *Jahreszeiten* bevorzuge. Gegenüber dem Lexikografen Ernst Ludwig Gerber meinte er 1799: „Da der Gegenstand [der *Jahreszeiten*] nicht so erhaben, wie jener der *Schöpfung* seyn kann; so wird sich auch bey einer Vergleichung zwischen beyden ein merklicher Unterschied finden." Gegenüber Kaiser Franz äußerte er sich nach einer Aufführung der *Jahreszeiten* ähnlich und begründete es so: „*In der Schöpfung reden Engel und erzählen von Gott, aber in den Jahreszeiten spricht nur der Simon.*"[3] Das Erhabene liegt also – in Haydns Verständnis – bereits und vor allem im Gegenstand der biblischen Genesis selbst, und das heißt im gültigen Gehalt dieses biblischen Sujets, der alle komplexen oder gar heterogenen künstlerischen Darstellungsmittel in Libretto und Musik durchdringt. Haydn hat sich aber auch gerne mit Besucherinnen und Besuchern speziell über seine *Chaos*-Musik unterhalten und las mit Interesse deren „musikalische Zergliederungen" (so nannte man

---

2 Vgl. Armin Müller / Giorgio Tonelli / Renate Homann: Art. „Erhaben, das Erhabene", in: Joachim Ritter et al. (Hg.), *Historisches Wörterbuch der Philosophie*. Bd. 2, Darmstadt 1972, S. 624–635.

3 Beide Zitate nach Feder, *Joseph Haydn: Die Schöpfung* (wie Anm. 1), 175.

damals das, was wir heute „musikalische Strukturanalyse" nennen). Offensichtlich war er neugierig, wie sehr Autoren oder sein Gegenüber im Gespräch seine Kompositionstechnik durchschauten – und äußerte sich selbst, wohl mit einem Schmunzeln, nicht näher darüber.

Was Haydn in seinen uns bekannten Äußerungen aber aussparte oder höchstens mitschwingen ließ, interessierte seine Zeitgenossen umso mehr. Die über die *Schöpfung* räsonierenden Autoren legten ihr Augenmerk primär auf die eben „erhabene" Wirkung der künstlerischen Gestaltung der biblischen Schöpfungsgeschichte. Damit haben wir einen anderen Akzent im Diskurs um das Erhabene vor uns und stehen als Leserinnen und Leser vor einem schwer zu überschauenden Feld.

Die wohl gängigste Perspektive erwartet vom „Erhabenen" eine überwältigende Wirkung des Großartigen und Majestätischen, Kunst mit einer Aura des Religiösen. Dies galt bereits für die biblischen Oratorien des späten Georg Friedrich Händel. Ihre Wirkung beim Londoner Publikum war eben die eines so verstandenen *sublime*. Unter dieser Perspektive wurden Händels Oratorien zu Impulswerken für den damals entstehenden Kanon

musikalischer Meisterwerke. Haydn haben derartige Händel-Aufführungen bei seinen Besuchen in London (während der frühen 1790er-Jahre) beeindruckt und zur Komposition der *Schöpfung* angeregt. Aber die Oratorien Händels und die beiden späten Haydns sind doch sehr unterschiedlich angelegt. Im Verhältnis zu Händels weiträumiger Großartigkeit wirken Haydns *Schöpfung* und *Jahreszeiten* viel buntscheckiger. Die *Schöpfung* mag vom Sujet her erhaben sein, aber als Kunstwerk enthält sie auch viel Nicht-Erhabenes, Idyllisches und Pittoreskes. Die Händel-Rezeption vor und um 1800 ist auch in deutschen Ländern dementsprechend viel einheitlicher im Urteil als die Rezeption der *Schöpfung*. Friedrich Schiller sprach gar (in einem Brief vom 5. Januar 1801 an Christian Gottfried Körner) von einem „charakterlosen Mischmasch"[4], nachdem er sie in Weimar gehört hatte.

Demnach stellt sich die Betrachtersituation vorderhand so dar: Kunstwerke mit biblischem Sujet galten von vornherein als „erhaben" und zugleich wurde eine religiöse Aura auch in den säkularen gesellschaft-

lichen Raum übertragen. Darauf zielt auch der viel und unreflektiert verwendete Terminus. Die so unterschiedlichen Urteile über Haydns *Schöpfung* müssen aber darüber hinaus speziellere Kriterien vor Augen gehabt haben. Um sie ideengeschichtlich zu verorten, pflegen heutige Musikhistoriker(meist nach Hinweisen auf den antiken Begriff) Aussagen einzelner oder auch mehrerer Haydn-Exegeten aus der Zeit um 1800 auf damals aktuelle ästhetische Theorien zu beziehen. So wählt James Webster als Bezugspunkt die Theorie des ästhetischen Urteils in Kants *Kritik der Urteilskraft*. Kant unterscheidet zwischen dem „mathematisch Erhabenen" und dem „dynamisch Erhabenen" (grob gesagt: zwischen dem Unendlichen und dem Endlichen). Webster ordnet zeitgenössische Aussagen von Haydn-Exegeten dem Kant'schen Begriff des „dynamisch Erhabenen" zu.[5] Hermann Danuser geht von dem

---

4   Zitiert nach FEDER, *Joseph Haydn: Die Schöpfung* (wie Anm. 1), 180.

5   Vgl. JAMES WEBSTER, Das Erhabene in Haydns Oratorien „Die Schöpfung" und „Die Jahreszeiten", in: HERMANN DANUSER / TOBIAS PLEBUSCH, *Musik als Text: Bericht über den internationalen Kongreß der Gesellschaft für Musikforschung Freiburg im Breisgau 1993*. Kassel et al. 1998, S. 134–145; DERS., The Creation, Haydn's Late Vocal Music, and the Musical Sublime,

---

Ansatz zu einer Musikästhetik aus dem Umkreis der Weimarer Klassik, von Christian Gottfried Körners Schrift Über Charakterdarstellung in der Musik (1795), aus, um von da her Schillers Verdikt über Haydns „charakterloses Mischmasch" zu erklären.[6] In die Gefahr von vereinseitigenden Überinterpretationen gerät man erst, sobald man die gefundenen theoretischen Aspekte mit Beispielen aus Haydns Musik konkret zu belegen sucht und dann undifferenzierend die Aussagen von Interpreten mit Haydns Musik selbst verwechselt. So ist Vorsicht geboten.

Wie tief ambivalent die Existenz von Erhabenheit ist, zeigt ihre antike griechische Entwicklung.[7] Ursprünglich und idealiter meint ὕψος ein Handeln und Erleben des Dichters, seinen enthusiastischen Vortrag, seine Selbststeigerung, die in Katharsis mündet. Doch sobald man sich die-

sen Vorgang bewusst macht, lässt sich diese Distanz ihrerseits kultivieren: Aristophanes zog die Übertreibungen von Enthusiasten ins Lächerliche, oder in der Rhetorik wurde das zum Enthusiasmus gesteigerte Pathos zu einem Stilmittel gemacht, das freilich richtig eingesetzt werden muss, um eine mitreißende Wirkung zu erzeugen. Aber damit drohen im Diskurs um das Erhabene/ ὕψος der Tendenz nach Inhalt und Stilmittel auseinander zu brechen. In weiterer Folge traten aber auch Gegenreaktionen auf, man versuchte immer wieder – und dies gerade im Hinblick auf das Gelingen eines Kunstwerks – die alte Wirkungseinheit zu fordern und auch in einer gleichsam unmittelbaren Erhebung der Seele die Hochgestimmtheit wiederzuerlangen.

Im Grunde ging es auch beim Oratorium Die Schöpfung um nichts anderes. Die Resonanz auf die ersten Aufführungen zeigt, wie überzeugend dieses Ziel erreicht wurde. Das offenkundige Problem schon bei jenen zeitgenössischen Interpretationen, die etwas an nachdenklicher Distanz zur Begeisterung spüren lassen, waren unüberhörbare Antagonismen zwischen dem Erhabenen und dem Pastoralen/ Idyllischen/ Anmutigen. Denn dahinter stand ein seit Edmund

Burke[8] und aktuell bei Kant diskutierter grundsätzlicher ästhetischer Antagonismus zwischen dem Erhabenen und dem Schönen. Auch heutige Autoren (wie James Webster oder Hermann Danuser, wie Ludwig Finscher oder Herbert Zeman) bemühen sich kaum zufällig, in Haydns Musik und im Libretto van Swietens eine strukturelle Vermittlung dieses Antagonismus nachzuweisen, sozusagen den Werkcharakter der Schöpfung durch Merkmale einer Synthese zu belegen.[9]

Es ist bei den frühen Rezensionen und anderen schriftlichen Resonanzen sehr auffällig, dass wohl das Werk als Ganzes auch schwankenden Urteilen ausgesetzt war, die Erhabenheit des Anfangs jedoch außer Zweifel stand: der intendierte Aufschwung der Seele zur Hochgestimmtheit überwältigte das Publikum und überzeugte selbst kritische Exegeten. Die Licht-Metaphorik, der Weg vom Dunkel zum Licht ist als bildhafter Topos tief verwurzelt, findet sich im Alten Testa-

---

in: Elaine Sisman (Hg.), Haydn and his World. Princeton/ New York 1997, S. 57–102.

[6] Vgl. Hermann Danuser, Mischmasch oder Synthese? Der „Schöpfung" psychagogische Form, in: Steffen Martus/ Andrea Polaschegg (Hg.), Das Buch der Bücher – gelesen. Lesarten der Bibel in den Wissenschaften und Künsten. Bern et al. 2006, S. 17–52.

[7] Vgl. Müller et al., Art. „Erhaben, das Erhabene" (wie Anm. 2), 624f.

[8] Vgl. Ludwig Finscher, Joseph Haydn und seine Zeit. Laaber 2000, S. 361.

[9] Vgl. James Webster, The Sublime and the Pastoral in „The Creation" und „The Seasons", in: Caryl Clark (Hg.), The Cambridge Companion to Haydn. Cambridge 2005, S. 150–163.

ment ebenso wie etwa in Platons *Timaios* oder zeitgenössisch in der freimaurerischen Devise *Ordo ab Chao*. Wie jeder, der einmal die *Schöpfung* gehört hat, weiß, hat Haydn seine Darstellung auf einen *locus sublimis*, auf das plötzliche und überwältigende Aufscheinen des „Lichts" hin angelegt. Aus zeitgenössischen Berichten von der Uraufführung wissen wir, wie sehr Haydns Physiognomie beim Dirigat gespannt auf diesen befreienden Moment des strahlenden C-Dur beim Wort „Licht" hin gerichtet war. Hier und auch beim schneidend leeren Unisono-Anfang war es leicht, darüber zu räsonieren – schwer taten sich die Interpreten, zu erklären, was sie bei Haydns *Vorstellung des Chaos* so beeindruckte. Ihre Mühen sind freilich aufschlussreich für uns.

Gottfried van Swieten, der ja bei der Texterstellung seine musikalischen Vorstellungen für Haydn notierte, empfahl dem Musiker für die Komposition des *Chaos* „mahlerische Züge der Ouverture"[10]. So lapidar, wie das gesagt ist, konnte sich Haydn gar nicht daran halten. Das „Mahlerische" bestimmter Textpassagen hat er bekanntlich in *Schöpfung* und *Jah-*

reszeiten durch besondere Mittel des Bewegungscharakters, der Instrumentierung und der Satzstruktur zu musikalischen Naturbildern umgesetzt. Wie überzeugend ihm das gelang, beweist ex negativo auch der Umstand, dass diese pittoresken Details aus grundsätzlichen ästhetischen Gründen auch viel Kritik auslösten. Aber wie kann eine Musikerin oder ein Musiker etwas eben nicht Fassbares, einen Zustand vor der Ordnung, ein Chaos malen, in Tönen abbilden? Dies konnte nur durch einen Kompromiss geschehen. Ein heutiger Komponist hätte diverse Möglichkeiten, tonale Ordnungen zu verlassen, ja sogar die Basis eines Tonsystems zu destruieren und mit Geräuschen zu arbeiten. Etwas Derartiges war damals undenkbar. Haydn konnte nur mit den vorhandenen instrumentalen Mitteln ein Paradoxon an Wirkung anstreben.

Notenbeispiel (Seite 24–26): *Einleitung. Die Vorstellung des Chaos*, T. 1–22[11]
Bereits der Titel *Einleitung. Die Vorstellung des Chaos* enthält einen

Widerspruch in sich, den es kompositorisch auszutragen gilt. Haydn hat kein Wirrwarr von Klängen ohne irgendeinen hörbaren Verlauf aneinander gereiht, aber er hatdie übliche Hörerwartung an zeitlicher Gliederung, Klanglichkeit und Motivik von Musik sehr irritiert, er hat eine Spannung zwischen Erwartung und deren Nicht- oder teilweiser Doch-Erfüllung komponiert. Wie kann man in solch ein paradoxales Spannungsbild einsteigen, zumal ja das Anfangen nach geläufiger rhetorischer Tradition von zeichenhafter Bedeutung ist? Der *Forte*-Schlag im Orchestertutti auf dem unisonen Ton C bringt einen Vorhangeffekt, eine in der Opern- und Oratoriengeschichte längst konventionalisierte Verblüffung. Erstaunlicher ist schon, dass von ihm kein Bewegungsimpuls ausgeht, sondern die statische Leere des unisonen C in der nachfolgenden, sehr gedehnten *Piano*-Passage erst langsam in eine c-Moll-Kadenzbewegung gerät. Dabei verzögert Haydn das harmonische Weiterschreiten in Halbtonschritten vom Violoncello über die Bratsche zur zweiten Violine klanglich nach oben führend plötzlich dadurch, dass die erste Violine bei erreichtem Dominantseptakkord die dissonante Sept f^2 nicht abwärts

---

10 FEDER, *Joseph Haydn: Die Schöpfung* (wie Anm. 1), 40.

11 *Joseph Haydn. Die Schöpfung. Oratorium. 1798. Text von Gottfried van Swieten*, hg. v. ANNETTE OPPERMANN (Joseph Haydn, Werke, hg. v. Joseph-Haydn-Institut Köln, 28 / 3), München 2008, S. 1–3. – Abbildung mit freundlicher Genehmigung des G. Henle Verlages.

Erster Teil

[1a.]

Einleitung. Die Vorstellung des Chaos

*) Zur urspr. Lesart s. *Kritischer Bericht, Lesarten.*
**) Zur Bezifferung und Ausführung des Generalbasses s. *Vorwort.*

3

*) Zur urspr. Lesart s. *Kritischer Bericht, Lesarten.*

in die Tonikaterz es^2 auflöst, sondern sich in chromatischen Schritten aufwärts bis zum as^2 weiterbewegt, um dann doch der Erwartung einer Kadenz nachzugeben. Der sich auf diese Weise ergebende kadenzierende Viertakter fungiert als Außenhalt, dessen Wiedereintritt in Takt 5 mit dem *Forte-Tutti*-Klang sofort klanglich und metrisch irritiert wird, indem die erwartete c-Moll-Tonika in Gestalt eines Sextakkordes der sechsten Stufe als klangliches Wiederaufgreifen des *Piano*-Taktes 2 erscheint und als nächster Variationsschritt die Bewegungsimpulse (in Takt 4 der Violine 1, Viertelnoten) nun weiter beschleunigt werden (Achteltriolen in Fagott, Takt 6). Die Charakteristik dieses Zeitflusses liegt in einem Schwanken zwischen Aufbau einer zu erwartenden Fasslichkeit, deren Vermeidung und dem Hereinspielen von unerwartet Zusätzlichem, das dann auch seinerseits Konsequenz aufbauen und wieder verlieren kann (wie das Triolenachtel-Motiv von Takt 6 bis etwa 13). Weiter gesehen, entsteht ein Gewebe mit so viel Konsequenz, dass man dessen abruptes Ende in Takt 21 durch das Umblenden in Bewegungsmodus, Dynamik und Tonalität (von c-Moll nach Des-Dur) als den Wechsel eines „Bildes"

empfindet und vielleicht auch imaginiert.

Es ist interessant, zu sehen, wie zeitgenössische Autoren mit diesem kompositorischen Balanceakt in ihrer Wahrnehmung und der anschließenden Reflexion zurechtzukommen suchten. Dazu einige Beispiele:

Das Chaotische, Nicht-Zuordenbare betonte 1803 Christian Schreiber, der Hausdichter des Leipziger Verlages Breitkopf & Härtel, in hexametrischer Lyrik unter dem Titel *Das Reich der Töne*:

[…]
denn farblos ist das Gewebe
Der chaotischen Nacht, verworrene
Kräfte vermischen Sich in wechselnder
Form, und widerstrebende Stoffe Reis-
sen sich gährend los zu ordnungslosen
Gestalten.
[…]
Denn in ihnen [den Tönen] erscheint
die regellose Verwirrung Todter Kräfte;
die Schwere liegt auf tiefen Akkorden;
Dissonirend entsteigt und sinkt der
Kampf der Naturen, und durch chro-
matische Gänge wälzt sich die träge
Bewegung.[12]

Musiker, vor allem Komponisten, sahen das etwas anders, sie erkannten das Gemachte, das kompositionstechnische Raffinement an der *Chaos*-Darstellung. Haydn hat sich darüber gefreut, besonders über Kommentare des berühmten Berliner Musikers Carl Friedrich Zelter. 1802 hat er sein Erleben und sein Werkverständnis recht fachmännisch so in Worte gefasst:

Die seltsamste Vermischung von Figu-
ren und Notengattungen, die aus gan-
zen, halben, Viertel-, Achtel- und Sechs-
zehntheilnoten, aus Triolen, Rouladen,
Trillern und Druckern bestehn, geben
der Partitur ein sonderbares, geheim-
nisvolles Ansehen. Man erstaunt über
die Menge kleiner, spielender Figuren,
die neben ungeheuren dunklen Massen,
wie Heere von Insekten gegen den gros-
sen Horizont anschwärmen; aber alles
zusammen macht in seiner Verbindung
mit der dunkeln Vorstellung eines
Chaos, ein unendlich vortreffliches har-
monisches Gewebe, worin die Führung
der Modulation unbeschreiblich schön
und an vielen Stellen zur Bewunde-
rung erhaben und gross ist."[13]

---

[12] *Leipziger Allgemeine Musikalische Zeitung* 6.7.1803, zitiert nach FEDER, *Joseph Haydn: Die Schöpfung* (wie Anm. 1), S. 33.

[13] Ebda. 10.3.1802, zitiert nach FEDER, *Joseph Haydn: Die Schöpfung* (wie Anm. 1), S. 37.

Bemerkenswert ist, dass Zelter sein, zuletzt auch angesprochenes, Empfinden der Erhabenheit zunächst als Außergewöhnlichkeit der Partitur anspricht und ihn ein – vom Hören ja abstrahierender – Blick auf das Notenbild in Verbindung mit seiner imaginierten Vorstellung des Chaos zu einer musikalischen Synthese-Empfindung von Schönem und zugleich in besonderen Momenten auch Erhabenem führt. Im Abstand von 18 Jahren und trotz – oder aufgrund? – einer inzwischen sicherlich eingetretenen Vertrautheit mit dem Werk gab er in einem Brief (vom Mai 1820) an Goethe der empfundenen Spannung zwischen Schönem und Erhabenem eine neue Wendung, indem er Haydns *Chaos*-Komposition als Paradoxon ansprach. Sie sei *„das Wunderbarste aller Welt, indem durch ordentliche, methodische, ausgemachte Kunstmittel – ein Chaos hervorgebracht ist, das die Empfindung einer bodenlosen Unordnung zu einer Empfindung des Vergnügens"*[14] mache.

Ein anderer, damals ebenfalls berühmter Berliner Komponist, Johann Friedrich Reichardt, äußerte sich bereits 1801 so:

„Ein ungeheurer Unisonus aller Instrumente, gleich einem licht- und formlosen Klumpen, stellt sich der Imagination dar. Aus ihm gehen einzelne Töne her vor, die neue gebähren. Es entspinnen sich Formen und Figuren, ohne Faden und Ordnung, die wieder verschwinden, um in anderer Gestalt wieder zu erscheinen. Es entsteht Bewegung. Mächtige Massen reiben sich an einander und bringen Gährung hervor, die sich hier und dort, wie von ohngefähr, in Harmonie auflöset und in neues Dunkel versinkt. Ein Schwimmen und Wallen unbekannter Kräfte, die sich nach und nach absondern und einige klare Lücken lassen, verkündigen den nahen Ordner. […] Es ist Nacht."[15]

Haydn selbst wies darauf hin, dass er immer wieder erwartete Lösungen vermieden habe. Ein treffendes Beispiel dafür gibt der Schluss des ersten „Bildes" (Takt 1–21): Eine absteigende und zunehmend chromatisierte Streicherbewegung unter Aussparung der Bläser (nach Takt 16) im *Pianissimo* findet plötzlich in Takt 20 eine Wendung durch die Aufwärts-

bewegung in den Violinen und den Wiedereintritt der Bläser, der mit Beginn von Takt 21 das Umblenden zu einem neuen „Bild" folgt. Derartige Mittel sind nicht nur punktuell eingesetzt, um Chaos zu „malen", sondern sie sind ein die Bewegung insgesamt vorantreibendes Moment. Außerdem gibt es über alle überraschenden Umblendwirkungen hinweg doch – und Johann Friedrich Reichardt widersprechend – übergreifende „Fäden" als ein variiert immer wiederkehrendes kompositorisches Mittel: wie punktierte Stufengänge aufwärts im Raum der Terz, chromatisch absteigende Stufengänge (in der Tradition des Lamentobasses), das Prinzip der latenten Gegenbewegung dieser Stufengänge und die Wiederkehr wie beiläufig auftretender kurzer Arpeggios in verschiedenen Instrumenten. Jedoch auch die sehr auffälligen Umblendstellen selbst haben Fernwirkungen: So ist das Kontrastverhältnis der Passage Takt 16–20 zu Takt 21ff. eine erste Markierung (keine exakte Vorausnahme) der dann unvergleichlich „erhaben" wirkenden Moll-Dur-Umblendwirkung von „und es ward" (Takt 85) zu „Licht" (Takt 86ff.).

Die wiederholt angesprochene paradoxale Spannung zwischen kunstvol-

---

[14] Zitiert nach FINSCHER, *Joseph Haydn* (wie Anm. 8), S. 479.

[15] Mitgeteilt von Georg August Griesinger (Brief vom 2.4.1801 an Breitkopf & Härtel), zitiert nach FEDER, *Joseph Haydn: Die Schöpfung* (wie Anm. 1), S. 33.

ler Ausarbeitung und Unordnung ist keine solitäre Erscheinung in Haydns *Chaos*-Musik. Sie spitzt nur etwas in genialer Weise zu, was in allgemeinen ästhetischen Diskursen seit dem Humanismus immer wieder angesprochen wird und was im späteren 17. Jahrhundert wirkungsmächtig Nicolas Boileau, ein Freund Jean Racines, ausdrücklich als „kunstvolle Unordnung" für die „Nachahmung der Natur" durch die Dichtung und Künste forderte.[16] Dieser Gedanke wurde, freilich in diversen Modifikationen, im 18. Jahrhundert weitergeführt. Er war geläufig. Haydn musste ihn nicht aus Ästhetik-Schriften herausgelesen haben.

Die „Empfindung des Vergnügens", die Zelter beim Hören von Haydns *Vorstellung des Chaos* erfüllte, beruht auf einem nachvollziehbaren musikalischen Bewegungsvorgang. Es ist nicht das paradoxale Spiel mit der Unordnung an sich, sondern die besondere Art des Spiels, eine wohl kalkulierte rhythmische Bewegung, auf der wie auf Fäden Haydn klangliche Kontraste zieht die dieses „Empfinden des Vergnügens" entstehen lässt.

Die *Vorstellung des Chaos* ist eben kein Vor-Gestellt-Bekommen, nicht das, was van Swieten mit „mahlerischen Zügen" gemeint haben mag, sondern es ist eine komponierte musikalische Bewegung, die über das Bildhafte hinwegzieht. Vor allem aber hat sie eine neuartige wirkungspsychologische Komponente: Sie drängt keine Bilder auf, sondern löst beim Hören im subjektiven Assoziationsspiel eine innere Bewegung aus.

Christoph Martin Wieland hat dieses Bewegungsmoment als ein Faszinosum in seinem Gedicht *An J. Haydn. Nach Aufführung seiner Kantate: Die Erschaffung der Welt* verbildlicht:

*Wie strömt dein wogender Gesang
in unsre Herzen ein! – Wir sehen
der Schöpfung mächt'gen Gang,
den Hauch des Herrn auf dem
Gewässer wehen,
jetzt durch ein blitzend Wort das erste
Licht entstehen, und die Gestirne sich
durch ihre Bahnen drehen [...]*[17]

Es sind alles Verben der Bewegung, die Wieland verwendet: strömen, wogen, wehen, entstehen, drehen. Auch das „Wir sehen" meint nichts

Passiv-Empfangendes, sondern ein Sehen des Gesangs „in unsre Herzen hinein", eine innere subjektive Bewegung des Assoziierens. Drei Schichten gleiten so ineinander: der unvorstellbare Schöpfer als Beweger, die Schöpfung als etwas sich Bewegendes und das von Haydns Oratorium *Die Schöpfung* berührte Individuum, das das Werden der Schöpfung der Welt als etwas Substanzielles zu erspüren vermag.

Diese sich eröffnende Tiefendimension macht im besten Sinne jenes „Erhabene" aus, von dem damals so viel die Rede war – und wie schön, dass dieses „Erhabene" sich bei Haydn, wie Zelter sagte, mit dem „Empfinden des Vergnügens" verbinden ließ. So wird in diesen wirkungsästhetischen Resonanzen von Zeitgenossen etwas wohl Wesentliches artikuliert, das in den modernen Interpretationen von struktureller Einheit oder den Repräsentationsgrad von Haydns *Vorstellung des Chaos* kaum zum Tragen kommt.[18] Es macht aber

---

[16] Vgl. FINSCHER, *Joseph Haydn* (wie Anm. 8), 479; MÜLLER et al., Art. „Erhaben, das Erhabene" (wie Anm. 2), S. 626.

[17] *Der neue Teutsche Merkur*, 1801, Bd. 1, S. 71.

[18] Etwa bei HEINRICH SCHENKER, Haydn: Die Schöpfung. Die Vorstellung des Chaos, in: *Das Meisterwerk in der Musik*. Bd. 2, München et al. 1926, S. 159–170. Er äußerte sich eher geringschätzig über Zelter (S. 170). Oder bei LAWRENCE KRAMER, Haydn's Chaos, Schenker's Order; or, Hermeneutics and Musical

genau jenes „übersinnliche Substrat" im „Wohlgefallen" aus, das Kant bei seinem Begriff des „Erhabenen" so wichtig war.[19] Ob Haydn bewusst oder instinktiv dieses Ziel kompositorisch verfolgte, bleibe dahingestellt.

GERNOT GRUBER

Derzeitige Positionen

–   Emeritierter ordentlicher Professor für Musikwissenschaft an der Universität Wien
–   Projektleiter für die musikalischen Werkausgaben von Brahms, Fux, Schubert und Webern am Institut für kunst- und musikhistorische Forschungen der ÖAW
–   Editionsleiter für die Ausgabe Johann Joseph Fux – Werke

Arbeitsschwerpunkt

–   Musikgeschichte Österreichs, Mozart, Schubert, Musikalische Hermeneutik, Musikalische Analyse. – Derzeit in Fertigstellung: „Eine Geschichte der europäischen Musik" (München: C. H. Beck)

Ausbildung

1964	Promotion zum Dr. phil.
1973	Habilitation für das Fach Musikwissenschaft an der Universität Wien
1958–1964	Studium der Musik, Musikwissenschaft, Philosophie und Germanistik an der Universität Graz

Werdegang

1964–1970	Assistent an der Universität Graz
1970–1972	Stipendiat der Alexander-von-Humboldt-Stiftung
1972–1975	Assistent an der Universität Wien
1975	Gastprofessor an der Universität Salzburg
1976–1995	o. Prof. an der Hochschule für Musik in München
Seit 1995	o. Prof an der Universität Wien
Seit 2005	wirkliches Mitglieder der philosophisch-historischen Klasse
2006–2012	Obmann der Kommission für Musikforschung der ÖAW

Weitere Informationen zum Autor finden Sie unter:
https://www.oeaw.ac.at/m/gruber-gernot/

Analysis: Can They Mix?, in: *19th-Century Music* 16/1 (1992), S. 3–17.

[19]   Vgl. MÜLLER et al., Art. „Erhaben, das Erhabene" (wie Anm. 2), S. 628f.

BEETHOVENS WIEN – EINE MUSIKSTADT OHNE KONZERTSAAL?

ELISABETH REISINGER

Den Ausgangspunkt für die folgenden Ausführungen bildet jener Ort, an dem am 11. November 2017 ein Konzert des Orchesters „Wiener Akademie" unter der Leitung von Martin Haselböck stattfand und der der Österreichischen Akademie der Wissenschaften als Festsaal dient.[1] Es handelt sich hierbei also nicht um einen „Konzertsaal" im engeren Sinne – einen eigens zum Zweck der Aufführung von Musik geschaffenen

Raum. Das Konzert fand in einem universitären Gebäude statt, gelegen im alten Universitätsviertel, das sich rund um den heutigen Dr. Ignaz Seipel-Platz erstreckte und in dem die Universität Wien ab ihrer Gründung 1365 bis 1848 angesiedelt war. 1756 hatte sich das Kaiserhaus entschlossen, der Universität einen neuen Bau mit Räumlichkeiten für Lehrveranstaltungen sowie einem prunkvollen Saal zu stiften, als äußeres, repräsentatives Zeichen der Reformen im Bildungs- und Wissenschaftsbereich. Die Bedeutung des Bauwerks für die Herrschenden wird etwa durch die Darstellung einer Apotheose des Stifterpaares Maria Theresia und Franz Stephan im Zentrum des kunstvollen Deckenfreskos des Festsaals noch einmal anschaulich, der für universi-

täre Festveranstaltungen ebenso genutzt wurde wie für Lehrveranstaltungen, Vorlesungen und Vorträge.

Warum wurde nun hier überhaupt ein Konzert veranstaltet, in einer Konzertreihe des Orchesters „Wiener Akademie", mit dem Anspruch des „Originalklangs" nicht nur durch die Verwendung von historischen Instrumenten, sondern ebenso durch den Aufführungsort – also mit der Idee, Musik dort aufzuführen, wo sie auch zur Zeit ihrer Entstehung erklang?

Dies hängt zusammen mit der speziellen strukturellen Beschaffenheit des Musiklebens in Wien, das um 1800 seinen Ruf als „Musikstadt" bereits etabliert hatte. Einleitend möchte ich einen kurzen Blick auf genau diesen Topos von Wien als „Musikstadt" werfen – ein Attribut,

1 Zur Verwendung des Festsaales der ÖAW für Konzerte hat grundlegend schon THEOPHIL ANTONICEK gearbeitet: *Musik im Festsaal der Österreichischen Akademie der Wissenschaften* (Veröffentlichungen der Kommission für Musikforschung / Österreichische Akademie der Wissenschaften, Philosophisch-Historische Klasse, 14). Wien et al.: Hermann Böhlaus Nachf., 1972.

das man gerade zur Zeit Beethovens auch einer ganzen Reihe anderer Städte mit ebenso schlüssigen Argumenten beistellen könnte. Die Etablierung des Images von Wien als *die* Stadt der Musik schlechthin lässt sich entlang politikgeschichtlicher Bruchlinien des 19. und 20. Jahrhunderts verfolgen, die ich nun in chronologisch rückwärtsgewandter Richtung aufrufen werde, wobei die Ausführungen im folgenden Absatz auf der grundlegenden Arbeit von Martina Nußbaumer (*Musikstadt Wien: die Konstruktion eines Images*. Rombach Wissenschaften: Edition Parabasen, 6. Wien et al.: Rombach, 2007, insbesondere S. 9–30), basieren:

Besonders Fahrt aufgenommen hat dieser Prozess nach 1945 bzw. 1955 in der Identitätsfindung einer jungen Republik. Ähnliches war aber auch schon nach 1918 zu beobachten, als Teil einer allgemeinen „Musikland Österreich"-Propaganda zur Kompensation des politischen Bedeutungs- und geografischen Gebietsverlustes. Einen weiteren Kulminationspunkt kann man außerdem schon um 1900 festmachen, in einem „Wettbewerb" touristischer Markenbildung der europäischen Städte. Früher im 19. Jahrhundert hängt die breite Etablierung der „Musikstadt Wien"-Darstellung einerseits mit den kulturellen Repräsentationsbedürfnissen der aufsteigenden bürgerlichen Eliten zusammen sowie andererseits mit der Kompensation des außenpolitischen Bedeutungsverlustes der Habsburgermonarchie um 1860.

Wenn man wollte, könnte man diese Linie weiterziehen bis zu den habsburgischen Herrschern des 18. und 17. Jahrhunderts, die sich im ständigen Konkurrenzkampf des europäischen Adels als besonders kunstsinnig, musikliebend und in der Musik gebildet inszenierten. Solche „Images" wurden durchaus bewusst konstruiert und konnten verschiedene Funktionen einnehmen, in diesem Fall: einerseits zur kulturpolitischen Positionierung und Legitimierung (etwa als Gegenbild zum militärisch dominanten Preußen oder Deutschland) sowie andererseits als touristisches Marketing (vor allem dann im 19. Jahrhundert).

Das soll Wien als musikalischen Kulminationspunkt nun nicht vollends dekonstruieren, aber doch ein Gefühl für die Entstehung dieses Bildes und seiner Sogwirkung schaffen. Wenn man zu Beginn des 19. Jahrhunderts die Konstitution eines öffentlichen, professionellen, „modernen" Konzertbetriebs als Merkmal einer „Musikstadt" annähme, wären durchaus andere Städte zumindest gleichrangig mit Wien zu nennen, wie etwa London oder Paris. Im deutschsprachigen Raum gab es in Berlin und Dresden bereits in der ersten Hälfte des 18. Jahrhunderts organisierte, öffentliche Konzertinstitutionen. Weit fortgeschritten war der Prozess außerdem in Leipzig mit den Gewandhauskonzerten ab 1781, die weithin als Modell des modernen Sinfoniekonzerts wahrgenommen wurden, und auch die Bauweise des Gewandhauses diente als Vorbild für zahlreiche Konzertsäle im 19. Jahrhundert.

Im Vergleich etwa zu Leipzig mit seinem Gewandhaus fehlte Wien vor allem eines: ein Konzertsaal – also eigens für die Aufführung (vor allem instrumentaler) Musik bestimmte Räumlichkeiten, und zwar bis zur Eröffnung des ersten Saales der Gesellschaft der Musikfreunde 1831. Ludwig van Beethoven, der 1827 verstorben ist, hat so etwas in Wien also gar nicht gekannt.

ORTE DES WIENER MUSIKLEBENS ZUR BEETHOVEN-ZEIT

Wie stellt sich nun Wien dar, als Musikstadt, in die Beethoven seinen

Schaffens- und Lebensmittelpunkt verlegt hat – 1792 bis zu seinem Tod? Das Wiener Musikleben war noch bis weit ins 19. Jahrhundert hinein strukturell wie personell höfisch-aristokratisch geprägt. In den Anfangsjahren eines „öffentlichen", kommerziell ausgerichteten Konzertlebens in Wien waren etwa die Hoftheater (Burg- und Kärntnertortheater) von großer Bedeutung, wo schon in der zweiten Hälfte des 18. Jahrhunderts Konzerte veranstaltet wurden. Eine derartige Nutzung dieser Theater war aber durchaus schwierig, denn sie waren logischerweise entweder von Schauspieltruppen besetzt oder die Mieten waren sehr hoch; und auch an Tagen, an denen sie nicht bespielt wurden, waren sie oft bereits für dem Hof nahestehende Veranstaltungen reserviert, wie für Konzerte der Tonkünstler-Sozietät.[2]

Im letzten Jahrzehnt des 18. Jahrhunderts wurden die Redoutensäle der Hofburg als Konzertlokalitäten entdeckt und waren auch zu Beginn des 19. Jahrhunderts sehr beliebt, boten sie doch eine der wenigen Möglichkeiten, größere Konzertprojekte zu realisieren.

Generell bildete der Hof selbst aber immer weniger das Zentrum des musikkulturellen Geschehens, in dem er zuvor klare Hegemonie eingenommen hatte. Es kam gewissermaßen zu einer institutionellen Dezentralisierung, wobei allerdings die Akteurinnen und Akteure, die maßgeblichen Trägerschichten des Musiklebens, die gleichen blieben: Personen, die dem hohen Adel angehörten, waren weiterhin tonangebend. So spielten Privathäuser des Adels als Orte für musikalische Veranstaltungen eine große Rolle. Parallel dazu wurde auch schon in bürgerlichen Häusern in Gesellschaft musiziert. Bis 1848 fanden die weitaus meisten Konzerte in solchen Privathäusern der Aristokratie und des gehobenen Bürgertums statt. Dementsprechend exklusiv war das Publikum dabei.

Möglichkeiten für Konzerte mit mehr Publikum und Öffentlichkeitscharakter bot die Nutzung von Gaststätten und Tanzsälen, wie jenem „Zur Mehlgrube" am Neuen Markt. Der Neue Markt hatte sich im 18. Jahrhundert zu einer Art Vergnügungsviertel entwickelt. Im letzten Drittel des 18. Jahrhunderts wurde ein dort befindliches ehemaliges Mehldepot in einen Tanzsaal mit Spieltischen in den Nebenräumen umgewandelt. 1781 fand dort eine der ersten öffentlichen Konzertreihen Wiens statt.[3]

Unter den bedeutendsten Konzertstätten jener Zeit ist auch der Sitzungssaal der niederösterreichischen Stände in der Herrengasse zu nennen (im heutigen Palais Niederösterreich), wo ab 1813 regelmäßig Konzerte veranstaltet wurden. Sitzungen der Stände fanden nur mehr zweimal im Jahr statt, den Rest des Jahres stand der Saal leer, und so kam man auf die Idee, ihn für andere Zwecke zur Verfügung zu stellen. Er ist als Konzertlokal durchaus mit dem Festsaal der Universität, auf den ich weiter unten im Detail eingehe, zu vergleichen: Auf dem Programm standen vor allem Wohltätigkeitsakademien und größere Produktionen einheimischer Künstlerinnen und Künstler. Außerdem musste man ein Gesuch für die Benutzung des Saales stellen und benötigte die Empfehlung eines hochgestellten Gönners. Zusammenfassend ist bemerkenswert, dass jedes dieser Konzert-

---

[2] ALICE M. HANSON, *Die zensurierte Muse. Musikleben im Wiener Biedermeier* (Wiener musikwissenschaftliche Beiträge, 15). Wien et al.: Böhlau, 1987, S. 104.

[3] STEFAN WEINZIERL, *Beethovens Konzerträume: Raumakustik und symphonische Aufführungspraxis an der Schwelle zum modernen Konzertwesen* (Das Musikinstrument, 77). Frankfurt am Main: Bochinsky, 2002, S. 93.

lokale auf eine bestimmte Art von Veranstaltungen ausgerichtet war, jedes seine Rolle im Wiener Musikleben zu spielen hatte und dadurch nicht einfach austauschbar war: In den Hoftheatern traten vor allem bekannte Virtuosen zwischen den Akten eines Stückes auf. Außerdem fanden dort die Konzerte der mit dem Hof verbundenen Tonkünstler-Sozietät statt. Der große Redoutensaal der Hofburg war fast ausschließlich höchstrangigen musikalischen Berühmtheiten – sozusagen den „Stars" der Zeit – vorbehalten sowie zunächst viermal jährlich der Gesellschaft der Musikfreunde. Im kleinen Redoutensaal gastierten vor allem ausländische Virtuosen, die mit viel Publikum rechneten. Gasthaus- und Tanzsäle, wie jener erwähnte „Zur Mehlgrube", waren vor allem für kleinere und größere, semiöffentliche Konzerte beliebt. Der Saal der niederösterreichischen Stände bot einen Veranstaltungsort für Wohltätigkeitsakademien und größere Produktionen einheimischer Künstler sowie vor allem für die „Concerts spirituels". Ähnliches war auch im Universitätssaal zu hören.

DER UNIVERSITÄTSFESTSSAAL ALS KONZERTLOKAL

Welche Besonderheiten brachte nun der Universitätssaal als Veranstaltungsort für Konzerte mit sich – welche Vorteile, welche Nachteile?

Mit einer Fläche von 400 m² war der Saal für damalige Konzertlokale ungewöhnlich groß. Seine akustischen Eigenschaften waren durchaus zufriedenstellend und mitunter vergleichbar mit denen späterer Konzertsäle des 19. Jahrhunderts.[4] Dennoch wurde des Öfteren Kritik daran geübt, etwa durch den Vorwurf, der Saal wäre zu groß für leise Stellen eines Musikstücks. In der Wiener Zeitung *Der Sammler* ist etwa 1827 zu lesen, dass „[…] *das Lokal für ein Lied, bei dem die feinsten Schattierungen nicht verlorengehen dürfen, zu groß sey […]*".[5]

Die Ausrichtung von Publikum und Podium erfolgte, wie auch heute, in Längsrichtung des Saales. Die Bestuhlung dürfte allerdings nicht

durchgehend gewesen sein und ein Teil des Publikums gestanden haben. Die maximale Anzahl der Zuhörerinnen und Zuhörer ist im 19. Jahrhundert auf etwa 500 Personen zu schätzen (bei dem ausverkauften Konzert am 11. November 2017 fanden hier 300 Zuhörende Platz).[6]

Wie eingangs erwähnt war das damals neue Universitätsgebäude mit dem Festsaal 1756 im Auftrag des Kaiserhauses als äußeres Zeichen der universitäts- und wissenschaftspolitischen Entwicklungen dieser Zeit erbaut worden. Der Saal wurde gleichsam als Denkmal dessen verstanden, und man dachte nicht daran, ihn für Unterhaltungs- oder kommerzielle Zwecke zur Verfügung zu stellen. Im Dezember 1807 ging erstmals ein Antrag bei der Universität ein, den Saal für eine Konzertreihe nutzen zu dürfen, eingereicht von einer Gruppe adeliger Musikförderer. Das Unbehagen seitens der universitären Entscheidungsträger in dieser Frage war in der darauffolgenden Diskussion deutlich zu spüren. So merkt Anton Spendou, der Direktor der theologischen Fakultät, in einem Rundschreiben gegen die-

---

4   Stefan Weinzierl, Die „Liebhaber Concerte" der Saison 1807/08, in: Ute Jung-Kaiser/ Matthias Kruse (Hg.), *1808 – ein Jahr mit Beethoven*, (Wegzeichen Musik, 3). Hildesheim et al.: Olms, 2008, S. 249–266, hier: S. 264.

5   *Der Sammler*, Jg. 19, 1827, S. 308.

6   Weinzierl, Die „Liebhaber Concerte" der Saison 1807/08, S. 260.

ses Gesuch an: „*Unterzeichneter ist der Mainung, dass dem Universitätssaale keine andere Bestimmung zu geben wäre, als diejenige, die ihm von der unvergesslichen Monarchie, die ihn erbaut hat, gegeben worden ist.*"[7]

Andreas Wenzel, Abt des Schottenklosters und Prokurator der sächsischen Nation war zwar: „*Mit einverstanden. Doch fürchtet Unterzeichneter, daß der Universitätssaal bald mehr zum profanen Gebrauche als für Studierende verwendet werden dürfte. Besonders will dem Unterzeichneten der Übergang aus einem Tanzsaale in den Universitätssaal nicht gefallen.*"[8] Wenzel spielt hier darauf an, dass die ersten Konzerte der Antragssteller im Tanzsaal „Zur Mehlgrube" stattgefunden hatten.

Unter den Konzertveranstaltern befand sich allerdings auch Ferdinand Fürst von Trauttmansdorff, Erster Obersthofmeister, der diese hohe Position bei Hof offenbar ausspielen konnte, um eine Bereitstellung des Saales für die Konzerte zu erwirken. Zudem wurde von den Konzertein-

nahmen je einem Jus- und einem Medizinstudenten ein Stipendium versprochen.

Diese sogenannten „Liebhaberkonzerte" von 1807/08 waren die ersten Konzerte, die im Universitätssaal stattfanden. Werke Beethovens bildeten dabei feste Programmpunkte. Der Komponist stand zudem mehrmals selbst am Dirigentenpult.

Nach dieser sehr erfolgreichen Konzertreihe gingen zahlreiche Ansuchen um die Verwendung des Saales für Konzerte bei der Universität ein. Das löste beständige Diskussionen im Universitätskonsistorium aus, in denen nach wie vor das Unbehagen dem Gedanken gegenüber geäußert wurde, den Saal für außeruniversitäre, teils kommerziell ausgerichtete Veranstaltungen zur Verfügung zu stellen. Den Antragstellerinnen und Antragstellern wurden strenge Richtlinien auferlegt: Natürlich durfte der Studienbetrieb keinesfalls gestört werden. Saal und Gebäude durften keinerlei Schaden nehmen. Die Veranstalter hatten sich um alle benötigten Einrichtungen selbst zu kümmern. Erwähnenswert ist der Punkt, dass keine Kassa am Saaleingang aufgestellt werden durfte, um das „decorum" der Universität zu wahren. Der Zutritt erfolgte nur

über Abonnements und Einladungen im Voraus, was aber durchaus der üblichen Vorgehensweise zu Beginn des 19. Jahrhunderts entsprach und diesen Veranstaltungen wieder einen eher exklusiven Charakter verlieh. Außerdem sollte die Veranstaltung einem wohltätigen Zweck gewidmet sein, am besten zugunsten der Universität selbst oder einer ihr nahestehenden Vereinigung oder auch in Form von Stipendien für Studierende. Die besten Chancen boten sich, wenn man in irgendeiner Form Verdienste um die Universität aufzuweisen hatte, und auch ein persönlicher Fürsprecher hohen Ranges konnte nicht schaden.

Insgesamt gingen zwischen 1807 und 1848 56 Ansuchen bei der Universität ein, von denen 42 bewilligt wurden. Trotz der erwähnten Stolpersteine konnte also der Großteil der geplanten Konzertprojekte stattfinden, darunter auch zahlreiche Konzerte von der Universität nahestehenden Vereinigungen, da sie sich etwa als gute Einnahmequelle für die Witwenvereinigungen der juridischen und medizinischen Fakultät erwiesen hatten.

---

[7] Universitätsarchiv Wien, Consistorialakten, 1.0.359, Anton Spendou gegen das Gesuch von Trauttmansdorff, 18.12.1807.

[8] Universitätsarchiv Wien, Consistorialakten, 1.0.359, Andreas Wenzel gegen das Gesuch von Trauttmansdorff, 18.12.1807.

BEETHOVEN UND DER UNIVERSITÄTSSAAL

In welcher Beziehung stand nun der musikalische Protagonist des Konzerts vom 11. November 2017 zu diesem speziellen Aufführungsort für Musik?

Wie gesagt waren Werke Beethovens von Beginn an feste Programmpunkte in den hier stattfindenden Konzerten, wobei er auch immer wieder selbst dirigierte. Durch die erwähnten „Liebhaberkonzerte" 1807/08, bei denen fünfmal reine Beethoven-Programme gespielt wurden, kam es zudem zu einem starken Anstieg Beethoven'scher Werke auf den Konzertprogrammen der Zeit.

An dieser Stelle sei mit einem kurzen Exkurs zum Jahr 1807 und zu Beethovens Erfolgen jener Zeit eine Brücke zu einer Besonderheit im Konzertprogramm vom 11. November 2017 geschlagen: 1807 arbeitete Beethoven sein erfolgreiches Violinkonzert (op. 61) auf Anregung des Verlegers (und Pianisten) Muzio Clementi zum Klavierkonzert (op. 61a) um (in dieser Fassung war es auch am 11. November 2017 zu hören). Als musikalische Besonderheit dieser Bearbeitung ist auf die von Beethoven dafür neu komponierten Kadenzen für das Soloinstrument hinzuweisen (für die Violine hatte er ja keine solchen erdacht), wobei die bemerkenswerte Klavierkadenz im 1. Satz teilweise von einer Pauke begleitet wird, was durchaus ungewöhnlich ist.

Zur Uraufführung sind keine Informationen bekannt. Es gibt allerdings einen interessanten Hinweis zu einem Konzert 1811 im Hause von Beethovens Förderer Fürst Lobkowitz, bei dem ein Klavierkonzert auf dem Programm stand – dabei handelte es sich durchaus wahrscheinlich um diese Klavierfassung des Violinkonzerts –, das hier von Erzherzog Rudolph gespielt wurde, nicht nur ein weiterer hochadeliger Förderer Beethovens, sondern vor allem auch dessen Schüler.[9]

Über die Person des Erzherzogs läuft nun auch der Bogen wieder zurück zu den Konzerten im Universitätssaal, denn Beethoven trat hier nicht nur als Komponist und Musiker, sondern auch als Konzertveranstalter in Aktion, wofür ihm die Bekanntschaft mit der kaiserlichen Hoheit als durchaus von Vorteil erschien: Im April 1813 hatte Beethoven den Saal für ein Konzertprojekt ins Auge gefasst, bei dem er seine 7. und 8. Sinfonie erstmals aufführen wollte. Zur Beförderung dieses Vorhabens wandte er sich in einem Brief an seinen Gönner Erzherzog Rudolph: *„Der Universitätssaal wäre am vorteilhaftesten und ehrenvollsten für mein jetziges Vorhaben, und meine gehorsamste Bitte besteht darin, daß I. K. H. die Gnade hätten, nur ein Wort an den dermaligen rector magnificus der Universität durch Baron Schweiger gelangen zu lassen, wo ich dann gewiß diesen Saal erhalten würde."*[10]

Interessant an diesem Zitat sind vor allem zwei Elemente: Mit der Einordnung des Saales als „ehrenvoll" knüpft Beethoven womöglich an seine Erfolge bei den „Liebhaberkonzerten" und deren gesellschaftlich hochstehendem Publikum an. „Vorteilhaft" erschienen ihm womöglich aber auch die akustischen Eigenschaften des Saales, die er als besonders geeignet erachtete für das, was er dort vorhatte: die Uraufführung

9 RITA STEBLIN, *Beethoven in the Diaries of Johann Nepomuk Chotek* (Schriften zur Beethoven-Forschung, 24). Bonn: Verlag Beethoven-Haus, 2013, S. 119.

10 Beethoven-Briefe, Gesamtausgabe: CD-ROM, im Auftrag des Beethoven-Hauses Bonn hg. von Sieghard Brandenburg, München: Henle, 1998: Nr. 635: Beethoven an Erzherzog Rudolph, 16.4.1813.

groß besetzter Orchesterwerke, deren kompositorische Anlage auf die Aufführung in genau so einem Saal ausgerichtet war.

Im April 1813 erhielt Beethoven die Genehmigung allerdings nicht. Im weiteren Verlauf desselben Jahres unternahm er einen weiteren Versuch gemeinsam mit Johann Nepomuk Mälzel – und war dieses Mal erfolgreich: Im Dezember 1813 konnte im Universitätssaal ein Konzertprojekt realisiert werden, bei dem Beethovens 7. Sinfonie sowie sein sinfonisches Schlachtengemälde *Wellingtons Sieg* unter dem Dirigat des Komponisten mit großem Erfolg uraufgeführt wurden. Im Gegensatz zu den Plänen im April wurde diese Veranstaltung nun einem wohltätigen Zweck gewidmet: Die Einnahmen wurden zugunsten der Kriegsinvaliden der Schlacht bei Hanau eingesetzt. Dies hatte sich wohl positiv auf die Entscheidung des Universitätskonsistoriums ausgewirkt, so heißt es rund um die Bewilligung für die Wiederholung dieses äußerst erfolgreichen Konzerts vonseiten des Konsistoriumsmitglieds und Juristen Ignaz Sonnleithner: *„Obschon ich nicht damit einverstanden gewesen wäre das erste Mahl dem H[err]n Bittsteller die Bewilligung zur Aufführung die-*

ser Musick in dem Universitäts-Saale zu bewilligen, bin ich, da es nun schon bewilligt war, einverstanden, ihm die gebettene Wiederholung derselben zu bewilligen, da ein erhabener Zweck unsere einzige Entschuldigung ist.“[11]

Generell veranstaltete Beethoven mehrmals selbst Akademien zur Aufführung, vor allem Uraufführung, seiner Werke – allerdings nicht immer zu einem „erhabenen Zweck". Mitunter waren diese Konzerte für ihn von ökonomischer Notwendigkeit. Das erste Gesuch für den Universitätssaal war eben deswegen abgelehnt worden, weil Beethoven zu jenem Zeitpunkt nicht bereit oder in der Lage gewesen war, auf die Einnahmen für sich selbst zu verzichten. Dies wird auch deutlich, wenn Beethoven im Vorfeld der Uraufführung seiner 8. Sinfonie, die ebenfalls bei einer von ihm selbst organisierten Akademie (diesmal im großen Redoutensaal der Hofburg) stattfand, schreibt: *„Den 27ten dieses Monaths [Februar 1814] gebe ich ein 2ten [sic] Akademie im großen Redout[en]-saale […] so rette ich mich nach und nach aus meinem Elend, denn von meinen*

Gehalten habe ich noch keinen Heller erhalten.“[12]

Das Konzertleben in Beethovens Wien zeichnete sich, was Veranstaltungsorte und -formen betraf, durch eine enorme Pluralität aus, die zahlreiche Herausforderungen für Konzertveranstalter, Komponisten und Musiker mit sich brachte – mit denen aber Beethoven durchaus geschickt und strategisch umzugehen wusste. Das Beispiel der Akademien im Universitätssaal etwa zeigt, dass er sich sehr genau Gedanken machte, welche Räumlichkeiten für die Wirkung seiner Werke besonders geeignet waren. Aber auch umgekehrt berücksichtigte er, wie er diese Wirkung des Raumes in der Konzeption seiner Musik noch unterstreichen konnte, etwa durch Art und Größe der spielenden Besetzung.

Einen spezifisch für die Veranstaltung von öffentlichen Konzerten konzipierten Bau hat Beethoven in Wien Zeit seines Lebens, wie erwähnt, nicht gekannt. In den 1820ern wurde aber vor allem aufgrund der Weiterentwicklung der Gesellschaft

---

[11] Universitätsarchiv Wien, Consistorialakten, 1.0.448, 12.12.1813.

[12] Beethoven-Briefe, Gesamtausgabe: CD-ROM, im Auftrag des Beethoven-Hauses Bonn hg. von Sieghard Brandenburg, München: Henle, 1998: Nr. 696: Beethoven an Graf Brunsvik in Buda, 13.2.1814.

der Musikfreunde letztlich ein eigenes Konzertgebäude in Wien immer notwendiger. Schließlich erwarben die Musikfreunde 1829 das Haus „Zum roten Igel" unter den Tuchlauben. Im November 1831 wurde dort ein neuer Konzertsaal realisiert – das erste speziell für öffentliche Konzerte in Wien erbaute und bald eindeutig dominierende Konzertlokal, bis 1870 das repräsentative Musikvereinsgebäude feierlich eröffnet wurde, dessen grandiose Akustik schon wenig später auf der ganzen Welt gelobt wurde.

ELISABETH REISINGER

Derzeitige Position

– Postdoc-Mitarbeiterin im FWF-Forschungsprojekt „Die Kirchenmusikbibliothek von Kurfürst Maximilian Franz, 1784–1794" am Institut für Musikwissenschaft, Universität Wien

Arbeitsschwerpunkte

– Hofmusik und aristokratisches Musikleben Ende des 18. und Anfang des 19. Jahrhunderts
– Kirchenmusik im 18. Jahrhundert
– Narrativität und Konstruktion in der Musikgeschichtsschreibung
– Liszt-Rezeption in Italien im 19. Jahrhundert
– InstrumentalistInnen als AuftrageberInnen von Kompositionen im 20. Jahrhundert

Ausbildung

2016	Dr. phil. in Musikwissenschaft an der Universität Wien
2012	BA in Geschichte an der Universität Wien
2011	Mag. phil. in Musikwissenschaft an der Universität Wien

Werdegang

Seit 2017	Postdoc-Mitarbeiterin am Institut für Musikwissenschaft, Universität Wien
2013–2016	Praedoc-Mitarbeiterin am Institut für Musikwissenschaft, Universität Wien
Seit 2016	Fellow in der Vienna Doctoral Academy „Theory and Methodology in the Humanities"
2016	Abschlussstipendium der Universität Wien
2013–2014	Konzeption und wissenschaftliche Betreuung der Dauerausstellung „Franz Liszt – Wunderkind • Weltstar • Abbé" im Liszt-Zentrum Raiding
2010–2011	Aufarbeitung der Musikaliensammlung des Landesmuseums Burgenland in Eisenstadt

Weitere Informationen zur Autorin finden Sie unter:
http://musikwissenschaft.univie.ac.at/institut/personalverzeichnis/reisinger/